Things

I WANT TO SAY AT WORK

BUT I'LL GET FIRED

MW00915792

FROM:

_____

TO:

_____

Things

I WANT TO SAY AT WORK

BUT I'LL GET FIRED

Things

I WANT TO SAY AT WORK

BUT I'LL GET FIRED

Things

I WANT TO SAY AT WORK

BUT I'LL GET FIRED

Things

I WANT TO SAY AT WORK

BUT I'LL GET FIRED

Things

I WANT TO SAY AT WORK

BUT I'LL GET FIRED

Things

I WANT TO SAY AT WORK

BUT I'LL GET FIRED

Things

I WANT TO SAY AT WORK

BUT I'LL GET FIRED

Things

I WANT TO SAY AT WORK

BUT I'LL GET FIRED

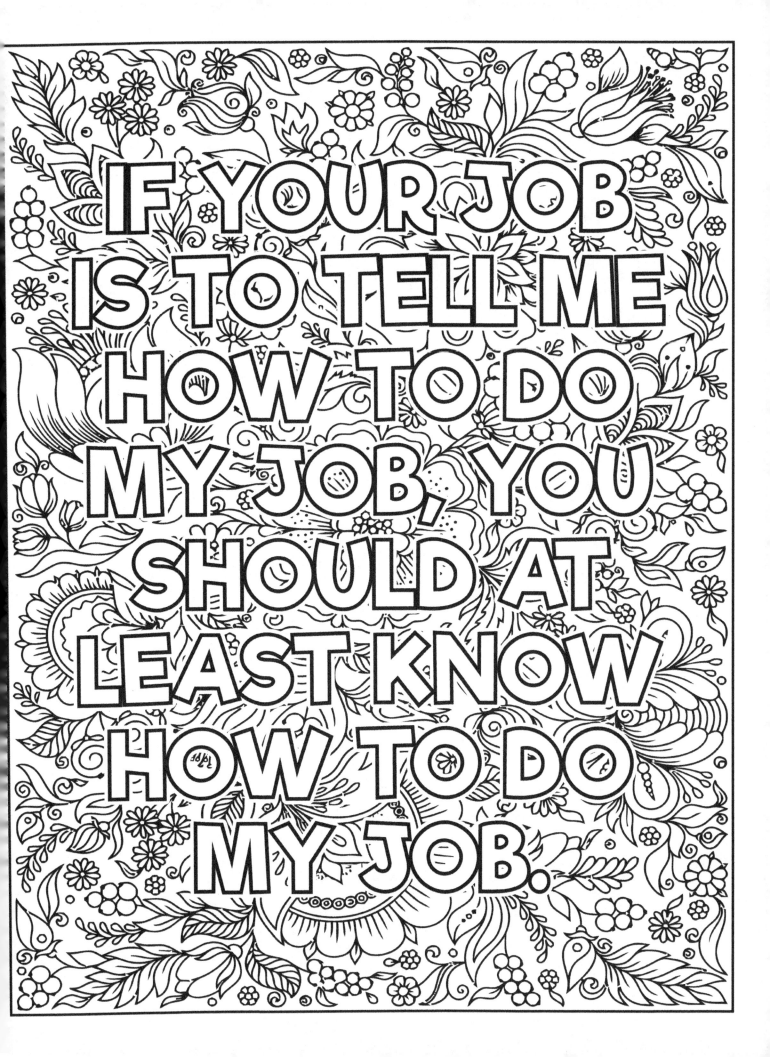

Things

I WANT TO SAY AT WORK

BUT I'LL GET FIRED

Things
I WANT TO SAY AT WORK

BUT I'LL GET FIRED

Things

I WANT TO SAY AT WORK

BUT I'LL GET FIRED

Things

I WANT TO SAY AT WORK

BUT I'LL GET FIRED

Things

I WANT TO SAY AT WORK

BUT I'LL GET FIRED

Things

I WANT TO SAY AT WORK

BUT I'LL GET FIRED

Things

I WANT TO SAY AT WORK

BUT I'LL GET FIRED

Things
I WANT TO SAY AT WORK

BUT I'LL GET FIRED

Things

I WANT TO SAY AT WORK

BUT I'LL GET FIRED

Things

I WANT TO SAY AT WORK

BUT I'LL GET FIRED

Things

I WANT TO SAY AT WORK

BUT I'LL GET FIRED

Things
I WANT TO SAY AT WORK

**BUT I'LL GET
FIRED**

Things

I WANT TO SAY AT WORK

BUT I'LL GET FIRED

Things

I WANT TO SAY AT WORK

BUT I'LL GET FIRED

Things

I WANT TO SAY AT WORK

BUT I'LL GET FIRED

Things

I WANT TO SAY AT WORK

BUT I'LL GET FIRED

Things

I WANT TO SAY AT WORK

BUT I'LL GET FIRED

Things
I WANT TO SAY AT WORK

BUT I'LL GET FIRED

Things

I WANT TO SAY AT WORK

BUT I'LL GET FIRED

Things

I WANT TO SAY AT WORK

BUT I'LL GET FIRED

Things

I WANT TO SAY AT WORK

BUT I'LL GET FIRED

Things

I WANT TO SAY AT WORK

BUT I'LL GET FIRED

Things

I WANT TO SAY AT WORK

BUT I'LL GET FIRED

Made in the USA
Monee, IL
04 December 2024

72128378R00037